AF336381

PROCÈS DE LA GLANEUSE.

Lyon. — Imprimerie de J. Perret, rue St-Dominique, n. 13.

PROCÈS

DE

LA GLANEUSE.

12 Mars 1834.

BIBLIOTHÈQUE ROYALE

10 CENTIMES.

LYON, IMPRIMERIE DE JÉROME PERRET,
RUE ST-DOMINIQUE, N. 13.

Le dernier acquittement de la *Glaneuse* est, au milieu des circonstances où nous vivons, un fait d'une immense portée. Poursuivie pour avoir rappelé qu'au péril de leur vie, ses rédacteurs arborèrent ouvertement le drapeau républicain sous le feu du canon de novembre, elle était appelée à expliquer sa conduite devant un jury soigneusement choisi par le préfet parmi les hommes qui combattirent dans des rangs opposés aux siens. *La Glaneuse* avait à remplir une tâche de conscience devant ses juges ; elle n'a pas voulu d'un acquittement qui eût été le prix de concessions faites à leurs préjugés ; elle a posé devant eux ferme et digne, acceptant hautement la responsabilité de ses actes et de ses paroles. En vain le ministère public a-t-il exploité, avec une incroyable violence de langage, tous les ressentimens de novembre : tout cela est venu aboutir à une défaite qu'a rendue plus honteuse la loyauté de la défense. Ce procès du moins restera comme un témoignage irrécusable des progrès de l'opinion, et les fureurs du parquet auront servi à quelque chose.

COUR D'ASSISES DU RHONE.

Audience du 12 mars.

Procès de la Glaneuse.

La cour est composée de MM. BADIN, *Président.*

BALLEYDIER,
Et BRECHOT-DU-LUT, } *Conseillers.*

JURÉS, MM.

RAVIER, confiseur, rue Poulaillerie, n. 18. JOURDAN-MILLIEZ, rouannier, rue Grenette, n. 21. CABAUD, avoué, place St-Jean. BONNET, propriétaire à Chaponost. LYONNET, épicier en gros, rue de la Gerbe, n. 12. MOTTARD, maître de poste, rue Boissac, n. 9. BOULACHON, commissionnaire, quai St-Clair, n. 4. BURTIN, marchand toilier, petite rue Longue, n. 6. BUREL, marchand fabricant, quai St-Benoît, n. 51. HÉNON, directeur de la pépinière, quai de l'Observance. MILLION, propriétaire, rue Bât-d'Argent, n. 9. ORAY, marchand linger, grande rue Mercière, n. 29.

M. Ferlon, l'un des gérans de la GLANEUSE, comparaissait sous la prévention du délit de *provocation au renversement du gouvernement*, à raison d'un article de ce journal inséré dans le n° du 21 novembre 1833, et relatif aux événemens de novembre.

Après qu'il a été procédé au tirage de MM. les jurés,

M. le président adresse au prévenu les questions d'usage ; — le greffier donne lecture d'un arrêt rendu par défaut par la cour, le 4 décembre dernier, qui condamne le sieur Ferton à SIX MOIS d'emprisonnement et TROIS MILLE francs d'amende ; il lit ensuite l'arrêt qui renvoie à l'audience de ce jour pour statuer sur l'opposition formée audit arrêt de défaut ; — le greffier lit également l'article incriminé que voici :

21, 22 NOVEMBRE !!!

Quorum pars magna fui !
VIRGILE.

Dieu nous garde, au souvenir de ces sanglantes journées, de chercher à réveiller des passions assoupies, et à rouvrir des plaies encore mal fermées. Assez de guerres civiles, *laissons dormir les remords des uns et la vengeance des autres.*

Si nous revenons sur cette page funèbre de l'histoire de notre cité, c'est qu'une pensée pieuse nous inspire, c'est que c'est une de ces époques qui appartiennent à l'avenir, et qui renferment pour les peuples de profonds enseignemens.

Ouvriers, citoyens de toutes les classes, laissons d'abord tomber une larme sur les tombes de nos frères; donnons des regrets aux victimes de ces fatales dissentions, quels que soient les rangs où elles ont été frappées.

Vous le savez, parmi ceux dont les baïonnettes se sont trouvées dirigées contre les poitrines des travailleurs, il y avait des citoyens honorables, dont quelques-uns ne sont revenus de leur incroyable délire que sur un lit de douleur. Aujourd'hui ils partagent nos vœux et nos sympathies; tendons leur une main amie, car il est beau, dans l'intérêt de la sainte cause de la liberté, d'oublier, de pardonner une erreur, fût-elle même coupable.

Cependant, il ne faut pas que l'expérience de ces calamités soit perdue.

A pareil jour que celui-ci, un cri lugubre se fit entendre qui retentit dans tous les carrefours de la ville : c'était le cri de la misère et du désespoir. Un morne silence succéda; puis le pas réglé des soldats résonna sur le pavé; des baïonnettes inhumaines se croisèrent contre des cœurs exaspérés par trop d'injustices. L'ouvrier avait juré de VIVRE EN TRAVAILLANT OU DE MOURIR EN COMBATTANT!!! La menace et l'insulte le décidèrent.... La fusillade retentit, le sang coula pendant deux jours; et après une nuit d'angoisses, Lyon se leva dans la consternation, n'osant compter les cadavres étendus dans ses rues et sur ses quais déserts. Au milieu de cette scène de deuil, des voix énergiques s'élevèrent, qui voulurent faire songer à l'avenir. Elles ne trouvèrent pas assez d'écho. *Nos rédacteurs, entraînés par* *leurs sympathies et leurs convictions, cherchèrent à élever sur les barricades un drapeau d'émancipation. Ils ne furent pas compris, et quelques-uns d'entre eux, blessés, expièrent dans les cachots le tort d'avoir voulu devancer la marche de l'intelligence publique. Mais leur sang versé en combattant pour les travailleurs, leurs efforts constans, les persécutions dont ils ont été l'objet, ont enfin porté leurs fruits.* *

Deux ans se sont écoulés, et les ouvriers, qui s'étaient si facilement laissé enlever une victoire dont ils étaient embarrassés, d'autres, qui avaient repoussé avec effroi le drapeau de la république, se sont tous ralliés à lui, et l'embrassent avec enthousiasme, parce qu'ils ont compris que tout leur avenir est là, qu'il n'y a rien à attendre de privilégiés égoïstes et abrutis; que si une réforme sociale, c'est-à-dire, *une amélioration du sort des masses, est notre premier besoin, cette réforme ne peut être durable qu'autant qu'elle sera garantie par une réforme politique qui permettra l'exercice réel de la souveraineté populaire.*

Assez long-temps le travailleur a vu ce qu'il avait à espérer des aristocrates de toute espèce; il se lasse de se laisser leurrer, ou de confier ses destinées à de perfides mains. Il veut enfin essayer d'en être lui-même l'arbitre.

De toute part, dans toutes les industries, il prélude à son affranchissement par les associations. Un admirable instinct le pousse à combattre l'exploitation de quelques hommes; et, prêt au premier appel, aujourd'hui comme toujours, il est certain de la victoire; il saurait mieux en profiter.

Quant à nous, heureux d'avoir été, à Lyon, les premiers à annoncer la république, plus heureux encore d'avoir été entendus, bien convaincus qu'elle seule, en effet, peut assurer le bien-être du peuple, en respectant sa dignité; et forts des nombreux témoignages de sympathie dont nous avons été entourés aujourd'hui, comme il y a deux ans, nous serons, s'il le faut, à notre poste, PRÊTS A ACCOMPLIR NOTRE MISSION, A ACHEVER NOTRE TÂCHE.

* Les lignes soulignées sont celles sur lesquelles frappe plus précisément l'accusation.

La parole est donnée à M. Chaix, avocat-général, pour soutenir la prévention. M. l'avocat-général se borne à prendre des conclusions tendantes à la conformation de l'arrêt de défaut et déclare qu'il attendra les argumens de la défense pour se livrer à de plus longs développemens.

Me MICHEL-ANGE PÉRIER, avocat du prévenu, prend la parole en ces termes :

« Il est des jours de douleur pour les nations ; --- des jours de deuil qui traînent après eux un long cortége de regrets et de larmes,

— et dont les anniversaires apparaissent couronnés de souvenirs funèbres et voilés d'un linceul de mort.. — Jours néfastes que Dieu a
marqués du sceau de la nécessité ; — que l'histoire transmet à la mémoire des âges à venir, — et qui demeurent debout au milieu des siècles qui s'accomplissent et des générations qui passent, comme de
grands enseignemens de la providence ! — Il fut un jour , et ce
jour n'est pas loin, où des intérêts mal compris divisèrent les citoyens en deux camps ; — où des cœurs, qui devaient s'entendre
plus tard, s'exaltèrent à des pensées de haine et bondirent au bruit
des armes ; — où des mains fraternelles croisèrent le fer contre le
fer ; — où la destruction et la mort promenèrent dans nos rues leurs
faces hideuses. — Triste lutte ! où furent frappés de nobles cœurs, —
où de belles vies furent moissonnées, — brillantes comme un rêve
d'espoir qu'emporte en murmurant le flot mouvant de la destinée. —
Il nous en souvient à nous, témoins et acteurs dans ce terrible drame ; — et quand l'œuvre de la fatalité fut accomplie, — aux émotions
fébriles du combat a succédé la pitié... — la pitié sainte à qui il fut
donné d'éteindre tous les ressentimens ; — cette seconde providence
qui ne distingue point entre les afflictions d'ici-bas , et se répand sur
tous comme les bénédictions du ciel ! — Nous n'avons pas eu de voix
pour maudire, — mais des sympathies pour toutes les misères, des
larmes pour toutes les douleurs , des fleurs pour toutes les sépultures.

« Deux ans se sont écoulés. — Et l'on vient aujourd'hui rallumer
des haines éteintes, — rouvrir sous vos pas le volcan des passions !..
— On vient insulter à notre douleur pieuse, — nous faire un crime
d'avoir pleuré, — et froidement dresser un acte d'accusation en face
des tombeaux de nos frères, dont les manes sanglans frémissent dans
cette enceinte !!...

« Ombres généreuses qui m'entendez, je ne faillirai pas à mes devoirs !.. — Je ne viendrai pas , au nom de mes cliens, renier leur
foi de la veille et leur part de solidarité ; — ils ont accepté les chances de la lutte pour défendre à leurs risques et périls votre sainte
mémoire ! — et quoiqu'il puisse advenir, du moins ils n'auront pas
à se repentir d'avoir suivi les inspirations de la conscience et de
l'honneur. — Leur conduite présente est écrite dans leur passé : —
ils aiment mieux être condamnés debout que d'être acquittés à genoux !...

« Messieurs les jurés, votre tâche est grande. — Pour s'élever audessus de ses préoccupations personnelles, — pour se dépouiller de
tout esprit d'antagonisme en présence des souvenirs d'une lutte récente où l'on a pris une part quelle qu'elle soit, et juger avec une complète impartialité les hommes et les choses, il faut une vigueur d'ame
peu commune. — Je ne vous dirai point que, malgré les nécessités de position qui ont dû vous placer alors dans d'autres rangs que
les nôtres, nous vous eussions choisi pour juges (ce serait une hypocrisie de langage indigne de vous et moi) ; mais il résulte de cette
position même, si délicate pour vous, des devoirs plus impérieux, une
responsabilité plus austère. — Plus il est difficile de résister à cette influence des souvenirs qui domine à leur insu les esprits les plus consciencieux et les plus élevés, — plus vous vous tiendrez en garde contre

des suggestions intérieures qui, si elles pouvaient entraîner votre décision, compromettraient à la fois votre honneur personnel et le sort de
l'accusé que je défends. --- Maintenant, MM. les jurés, que j'ai tracé
fidèlement votre situation vis-à-vis des hommes et des événemens, je
vous dirai avec la même franchise que nous avons confiance en votre
loyauté; — nous vous le prouvons par l'indépendance de notre langage, et quelque soit le résultat de vos délibérations, nous y croirons
encore.

· « Avant d'aborder les spécialités de ce procès, je dois me placer
un instant au milieu des événemens qui ont inspiré l'article pour-
suivi par le ministère public ; --- j'écarterai de ces événemens tout
ce qui peut avoir un caractère de personnalité quelconque : --- je
ne veux les envisager que de haut et sous leur plus large point
de vue.

« Toutes les fois qu'il y a dans la société un intérêt légitime qui
se trouve opprimé par d'autres intérêts, il y a perturbation, désordre , anarchie. --- C'est un état de choses irrationnel qui ne se
peut prolonger, --- un mal interne qui doit se manifester tôt ou tard
par une crise extérieure.

« L'industrie se compose de deux intérêts également légitimes, et
dont l'un ne peut, sans péril, opprimer l'autre : --- 1° le travail qui
met en œuvre ; --- 2° le capital ou les avances nécessaires pour avoir
la matière première et attendre le placement de la chose produite. ---
Ce sont là deux élémens nécessaires à la production, dont chacun doit
avoir sur le prix une part correspondante à sa valeur réelle.

« Ces deux intérêts se trouvaient en présence en novembre 1831.

« L'un était opprimé et devait l'être, --- car dans l'état actuel de
l'industrie, où les parts entre le capital et le travail sont faites par le
capitaliste, il est impossible que ces deux intérêts trouvent également satisfaction.

« Et c'est dans ce désordre moral, dans ce défaut d'équilibre entre deux forces sociales, --- dans cet obstacle à une répartition équi-
table et rationnelle qu'il faut chercher la cause de ces agitations sour-
des dont on ne voit trop souvent que la surface.

« Il fallait voir dans ce conflit d'intérêts la manifestation d'un besoin social ; il fallait reconnaître qu'il y avait là un intérêt légitime
à satisfaire, étudier la cause du malaise général, --- s'appliquer à
prévenir une explosion.

« C'était au Pouvoir, chargé de protéger tous les intérêts, à comprendre la situation et à y pourvoir ; la cause du mal bien connue,
il fallait chercher le remède, --- instituer des banques de crédit,
des établissemens de travail où tous les intérêts eussent trouvé leur
place, --- montrer tout au moins qu'on s'occupait des besoins généraux en créant des commissions d'enquête sur les moyens de détruire
ou d'atténuer ces causes de misère, --- disposer enfin les classes
souffrantes à attendre patiemment un avenir meilleur en leur prou-
vant qu'on s'était rendu compte de leur position et qu'on s'efforçât
d'y remédier.

« Qu'a-t-on fait ? --- Rien !!...

· Je me trompe : on a fait rouler des canons, déployé des régi-
mens ; on a fait de la force.

« Qu'est-il advenu ?... Vous le savez tous.

« Elle fut terrible cette explosion, comme ces tremblemens de terre convulsifs qui ébranlent les empires sur leurs bases séculaires. — C'est qu'on n'avait vu qne des agitations à réprimer par la force, là où il y avait un mal profond à guérir ! — C'est qu'on s'était cloîtré pendant longues années dans le cercle étroit des abstractions gouvernementales, — s'habituant à voir tout l'avenir social dans des questions de pondérafion et d'équilibre de pouvoir ; — c'est qu'on avait tout prévu, tout calculé, tout systématisé, tout *doctrinalisé* dans les écrits et les discours parlementaires, hors les besoins généraux de l'humanité. — Le temps vient où ces besoins dont on n'a pas daigné tenir compte surgissent comme d'impérieuses réalités. — On veut les nier, parce qu'ils ne sont pas entrés dans les calculs des politiques de la veille ; on leur ferme toute issue, — et plus fort que tous les obstacles, le torrent qui gronde emporte et roule dans ses larges flots les digues impuissantes qu'on lui oppose !

« Messieurs, voila novembre. — Ne récriminous point contre des faits accomplis ; — n'accusons point les hommes là où se montre le doigt mystérieux de la fatalité ; — mais reconnaissons, pour être justes, un fait que l'histoire aussi reconnaîtra : — c'est qu'un intérêt légitime a été violemment comprimé, et que son **explosion** a été elle-même légitime, parce qu'elle a été nécessaire !...

« Dans les rangs des travailleurs furent quelques hommes qui n'appartenaient pas eux-mêmes aux classes souffrantes, — mais dévoués à la cause du travail, ayant des larmes pour tous les maux, comme d'autres ont des sourires pour toutes les prospérités, et de l'encens pour toutes les idoles ; — hommes qui s'étaient donné la mission trop souvent insultée, mais plus tard comprise, de venir au secours de ceux qui souffrent. — Ils ne s'inquiétèrent pas si leur conduite devait, quelques mois après, les traîner sanglans sur les bancs d'une cour d'assises ; — leurs convictions parlaient, ils obéirent ; — il fallait donner du sang, ils payèrent leur dette !

« Ceux-là virent plus loin que la foule. — Dans cette question qui s'agitait par le fer et le feu sur le pavé des rues, comme en une fournaise ardente où se tordent des membres humains, ils ne virent pas seulement une querelle de salaires, — mais une question immense qui ne se pouvait résoudre que par une organisation meilleure. — Alors, comme aujourd'hui, ils pensèrent qr'il y avait un ordre industriel à substituer pacifiquement à nn autre sur le grand principe d'association, — seule base qui pût satisfaire tous les intérêts à la fois, augmenter la somme générale de bien-être sans froisser les positions acquises, élargir pour tous les sources de la richesse publique et privée. Telle était pour eux la solution du problème, — le moyen de faire une juste part à tous les droits, et de rendre impossible le retour de ces effroyables démêlés où les intérêts descendent dans la rue pour discuter à main armée.

« Ils pensèrent aussi que cet ordre nouveau, œuvre du temps, œuvre de persévérance ne pouvait être établi, ni même favorisé dans son développement par un pouvoir qui s'est constamment isolé des intérêts généraux pour se faire centre de parti, s'appuyer sur des intérêts exclusifs, élever rivalités contre rivalités, haines contre haines. — Ils pensèrent enfin qu'il fallait, pour réorganiser l'industrie, reconstruire sur une autre base l'édifice politique.

« Cette pensée, ils la dirent alors et ne furent pas compris ; — mais leurs paroles ne furent pas perdues, elles devaient être bientôt justifiées par l'expérience.

« Jetez les yeux autour de vous, et interrogez toutes les convictions. — Voyez si cette pensée, qui était celle de quelques hommes en 1831, n'est pas celle d'une population entière aujourd'hui.

« C'est qu'après cette explosion dont Lyon fut le malheureux théâtre et dont le retentissement a ébranlé l'Europe, le pouvoir n'a pas ouvert les yeux ; — il n'a pas lu cet avertissement de la providence, écrit en lettres sanglantes sur les murailles de la cité ; — il n'a pas compris que lorsqu'une population de cent mille ames s'insurge pour quelques sous de salaire, il y a un mal profond dans les entrailles du corps social ; — et dans ces associations de travailleurs qui surgissent sur tous les points du sol, comme le prélude et l'ébauche d'associations plus complètes, il n'a pas vu une révélation des besoins de notre époque, un principe organisateur, un germe d'avenir, mais un déchaînement d'intérêts anti-sociaux qu'il fallait réprimer par la violence. — Préoccupé exclusivement du soin de sa propre conservation, — sacrifiant tout aux calculs égoïstes de la peur, il s'est posé comme un obstacle au développement des forces sociales ; — il a dit aux intérêts en souffrance : N'attendez rien de moi ; à l'intelligence : Tu n'iras pas plus loin ! — Et ce fut de sa part un système arrêté, un parti pris qui s'est dessiné plus clairement chaque jour ; — et chaque jour aussi, les espérances dont on s'était bercé disparurent une à une comme de vains fantômes, et les dernières illusions s'évanouirent.

« Et si les leçons de l'expérience, la succession des faits ; si la marche du pouvoir et ses persécutions contre la presse ; — si tout cela a conduit les esprits à penser maintenant qu'il n'y a plus rien à attendre du système qui nous régit, — pensez-vous que ceux qui, les premiers ont fait entendre des paroles d'avenir, viennent les désavouer aujourd'hui ? — Aujourd'hui que leurs prévisions se réalisent ; — que leur parti se recrute chaque jour par milliers ; — que leurs doctrines, mieux développées et mieux conçues, deviennent partout maîtresses du terrain ; — que leurs adversaires viennent à eux ; — que les mœurs publiques, insoucieuses d'un ordre qui tombe en ruines, se façonnent et se préparent à un ordre nouveau ! — Non, non, ils ne les désavoûront pas, car ils ont la conviction plus que jamais d'avoir fait une œuvre utile en contribuant, pour leur part, à ce progrès immense qu'il n'est plus permis de nier à présent, et que nulle puissance humaine n'arrêtera.

« Messieurs, j'ai examiné de haut des événemens dont la mémoire est douloureuse, mais qui furent du moins un grand enseignement pour le pays, et que je devais considérer sous ce point de vue. — J'ai fait de l'histoire ; — l'article qu'on incrimine n'a pas fait autre chose : — vous allez en juger.

Ici le défenseur donne lecture de l'article incriminé, et prouve que cet article n'a pas dit autre chose que ce qu'il vient de dire lui-même avec plus de développement. Il soutient qu'il n'y a pas provocation au renversement du gouvernement toutes les fois qu'il n'y a pas appel à la force matérielle. « Il faut, dit-il, que la provocation soit exprimée en termes positifs, formels; car un appel à la révolte est adressé aux masses surtout, et on ne parle en pareil cas que pour être bien compris ; si la pensée de provoquer au renversement du pouvoir ne résulte pas clairement, évidemment de l'article ; s'il est besoin d'un effort d'interprétation pour la découvrir, le délit que la loi a prévu ne saurait exister.

« Ce n'est pas provoquer au renversement du pouvoir (poursuit le défenseur) que de dire ce qu'on ferait en telle circonstance donnée. — Dans le cas, par exemple, et la supposition peut se réaliser, où le pouvoir se placerait lui-même en hostilité ouverte contre le pays ; dans le cas où s'engagerait entre une dynastie et la nation une de ces luttes où le pouvoir et la liberté se prennent corps à corps comme deux ennemis qui ne peuvent plus vivre ensemble, — il est permis de se dire ce qu'on ferait en pareille circonstance. — Il se peut faire qu'après avoir suivi pas à pas la restauration dans de funestes voies, la pensée immuable du 9 août veuille tenter contre la presse les grands coups d'état, et en finir comme la pensée immuable de 1815.—On peut prévoir tout cela ; je vais plus loin : on peut même le désirer et le dire, sans que ce soit provoquer au renversement du pouvoir. — L'auteur de notre article a donc pu dire très légitimement : *Aujourd'hui, comme il y a deux ans, nous serons, s'il le faut, à notre poste prêts à remplir notre mission et à achever notre tâche.*

« C'est une tactique usée déja que de présenter le parti républicain comme cherchant à se produire par la force matérielle. — Le parti de la souveraineté populaire, le parti de la vérité représentative sait qu'un immense avenir lui appartient, qu'il s'y achemine tous les jours autant par les fautes du pouvoir que par sa propre énergie ; son intérêt n'est point de compromettre cet avenir par des tentatives imprudentes, mais de laisser aller les choses ; — elles vont assez rapidement, Dieu merci ! — De même que la vitesse d'un corps qui gravite s'augmente à raison de la distance deja parcourue, de même le progrès de nos doctrines, ce progrès qui s'opère sans autres armes que la discussion, devient plus rapide à mesure que nous avançons, parce que les résultats acquis deviennent le germe de résultats nouveaux, et que tous les élémens de force qui viennent à nous entraînent avec eux d'autres élemens de force. — Nous ne provoquons pas au renversement du pouvoir, et, certes, il n'est pas besoin : chaque jour ses élémens se disjoignent et se décomposent. — Plus nous attendrons, plus nous réunirons des chances favorables, non pas seulement pour balayer les derniers vestiges d'un ordre qui croule de lui-même, mais pour élever pacifiquement un autre régime dont beaucoup de gens ne s'effraient que parce qu'ils ne le comprennent pas encore, et qui ne trouvera bientôt plus d'obstacle. — Nous laissons le pouvoir achever en paix sa destinée et mourir de sa bonne mort. Loin de troubler les heures de son agonie, nous les prolongerons, s'il le faut, de nos vœux, afin qu'il nous laisse le temps d'élaborer nos doctrines, de les faire comprendre et adopter de tous, et de préparer, par la discussion, tous les matériaux de l'avenir.

« Le pouvoir sait tout cela, — et ces poursuites prouvent qu'il a conscience de sa faiblesse. — Un gouvernement vraiment fort qui s'appuierait sur les sympathies nationales, n'agirait point ainsi ; mais quand, pareil à un joueur désespéré qui jette son dernier enjeu, un pouvoir en vient au point d'avouer qu'il n'a plus de salut possible que dans des mesures de violence, il se fait justice à lui-même, — et tout est dit sur son compte.

« Vaincu de toutes parts dans les luttes de la presse, ce pouvoir veut triompher de la raison par la violence, réduire l'âme en torturant le corps. — Sa pensée, à lui, se fait gendarme et bourreau pour se venger des défaites essuyées dans le champ-clos de la discussion.....

« Ce ne sont pas là, messieurs, de vaines exagérations de langage. — Interrogez les cachots de Versailles et de Clairvaux : — effrayantes sépultures creusées pour les vivans, — gouffres sans nom, — sépulcres aux dents de fer à qui l'on jette une horrible pâture de malheureux, comme dans la gueule d'un monstre affamé de victimes humaines ! — C'est dans ces affreux repaires de malfaiteurs que la vengeance du pouvoir traîne les écrivains : — sa haine invente des supplices nouveaux pour des hommes que le jury a cru frapper de peines légéres, et dont lui fait sa propriété, sa proie, — prenant sur ceux-là une atroce revanche de toutes les condamnations qu'il demande et que votre indépendance lui refuse...

« Voyez-les amaigris par les tortures, et consumant leurs jousr dans une lente agonie, les malheureux !.......... Hommes au cœur doux et candide, et que vous eussiez aimés !..... dont le vœu le plus cher fut le bonheur de l'humanité, dont la vie resplendissait d'espoir et de jeunesse. — Voyez ; ce n'était pas assez pour eux de se voir, pour un délit d'opinion, confondus avec des forçats, — il a fallu qu'on leur refusât toutes les joies de la vie, même le regard d'un ami ou le baiser d'une mère !....

« Atroce persécution !..... — Profanation de tout ce qu'il y a de sacré !....... — Haine basse et féroce qui se rue sur des adversaires désarmés pour se repaitre de leurs maux et sucer leur sang !!!.....

« C'est aux hommes honnêtes de toutes les opinions que je parle ici ; — c'est à tous les sentimens d'honneur et de probité que je m'adresse ; — c'est à la morale, à la pudeur publique que je dénonce des persécutions qui sont un outrage à nos mœurs comme aux lois éternelles de l'humanité.

« Oh ! n'est-il pas vrai que tout cela est infame ? — Que la religion du jury a été trompée ? — Que jamais un jury ne se serait volontairement associés à de pareils actes?...

« Vous connaîtrez aujourd'hui, messieurs, toute la portée de votre décision. — Vous ne pourrez plus dire comme les jurés, vos prédécesseurs : Ah ! si nous l'avions su ! — Des condamnations monstrueuses, sans exemple, sous la restauration, des écrivains assimilés à des voleurs et trainés à travers le pays de brigade en brigade : — tout cela vous apprend assez ce qui peut advenir d'un verdict de culpabilité ; et vous sauver des regrets inutiles. — Si vous rendiez ce verdict, vous en accepteriez toutes les conséquences, vous en prendriez sur vous toute la responsabilité.

« A vous donc de nous dire maintenant si tout cela est beau et moral , — si les vengeances brutales qu'on exerce contre les écrivains vous paraissent conformes à l'honnêteté publique , — si vous les approuvez , — si vous prétendez vous y associer....

« Votre décision va nous l'apprendre.

« Que dis-je, messieurs les jurés !..... Non , pardonnez-moi ces paroles que je désavoue ! — Non , vous ne pouvez pas accepter cette responsabilité hideuse. — Quelles que soient vos opinions politiques , vos consciences d'hommes de bien ne veulent pas d'un pareil fardeau. — Il faut un triste courage pour s'associer à des persécutions dont le cynisme épouvante. — Vous qui ne mangez pas au ratelier du budget , vous ne vous en rendrez pas complices , vous ne le pouvez pas !...

« Il est temps aussi d'en finir avec tous ces procès d'opinion , — monstruosités judiciaires qui sont un anachrouisme révoltant et une insulte à l'intelligence de notre époque.

« Si (ce qu'à Dieu ne plaise) la presse libre vous semblait un malheur , je vous dirais encore qu'il faut l'accepter comme un fait indestructible , grandi par la persécution , et que des persécutions nouvelles fortifieraient davantage. — J'en appellerais à vos souvenirs , — j'invoquerais en témoignage ces milliers de procès politiques dirigés depuis deux ans contre nn parti dont les organes se sont multipliés sur tous les points de la France , précisément à raison de l'acharnement mis à le poursuivre , — puisant à chaque condamnation nouvelle un nouveau degré d'énergie et de puissance.

« Ces condamnations n'ont qu'un résultat , — celui d'irriter les passions. — Ah ! calmons les plutôt ! — Éteignons les ressentimens au lieu de les aigrir ! — N'appelons pas les réactions , — Ne rouvrons pas sous nos pieds ces abîmes de haine qui ne se ferment plus , et ne se comblent qu'avec des débris humains !!!......,. Respect à toutes les croyances : — respect ,surtout, respect profond aux hommes qui se dévouent , à leurs risques et périls , et souvent au prix de leur existence , à l'intérêt d'un principe que nous invoquons aujourd'hui et que vous pourrez invoquer à votre tour ! — Quel que soit l'avenir voilé qui s'avance , portant dans son sein les destinées nouvelles de l'humanité , — consacrez à toujours ce principe déja entré dans les mœurs publiques , et qui doit demeurer debout , — pilier d'airain qu'on ne saurait plus ébranler sans faire crouler tout l'édifice de nos droits , — arbre de vie qui projète au loin dans le sol ses impérissables racines , — et à l'ombre duquel toutes les croyances trouveront protection et appui :

« La liberté illimitée de la presse !.... »

M. l'avocat-général prend la parole pour répliquer ; il s'applique à prouver que l'article incriminé contient une provocation directe au renversement du gouvernement, par cela seul qu'il prêche hautement des doctrines de républicanisme et que ces doctrines ne peuvent se réaliser que par la chute du gouvernement actuel. Il exhume tous les ressentimens qui suivirent les événemens de novembre et signale comme des hommes de désordres ceux qui s'insurgèrent à cette époque. M. l'avocat-général se livre ensuite à de très longs développemens, tout-à-fait en dehors du procès, où il reproduit avec une grande virulence les phrases à l'usage de tous les faiseurs de réquisitoires, sur l'anarchie, le pillage, le partage des propriétés, etc, etc.

Après une courte suspension, d'audience Me Périer réplique en ces termes :

» La défense n'en a appelé qu'à votre raison et et à vos consciences. — Il n'en a pas été de même de l'accusation, je regrette d'avoir à le dire.

« C'est à vos passions seulement qu'on vient de parler : l'accusation de provocation au renversement du pouvoir n'était ici qu'un prétexte, et on ne s'est pas donné la peine de la justifier. — On a spéculé sur de vieilles haines ; on les a exhumées pour les mettre en présence, — on a fait appel à tous les ressentimens ; — on s'est dit : Attisons le feu de la discorde, allons fouiller dans des souvenirs mauvais pour y chercher des passions mal éteintes ; elles se rallumeront au souffle de notre parole. — Flattons les intérêts de ceux-là, et ceux-là nous prêteront leur appui. — Il nous faut une condamnation qui retentisse au loin ; — il se trouvera parmi les jurés des hommes qui auront des injures personnelles à venger ; ceux-là serviront notre haine.

« Que dire d'une accusation qui descend à de pareilles ressources ! qui appelle le hideux cortége des passions dans le sanctuaire de la justice, — qui fait entendre des paroles de vengeance et de haine pour armer vos bras du glaive qui punit, — et s'adresse à vos ressentimens privés pour égarer vos devoirs de juges !

« On va plus loin, Messieurs : ce n'est pas assez de prodiguer à un parti tout entier l'insulte et l'outrage, de nous désigner à la haine publique comme des hommes de sang et d'anarchie. — Il n'est si monstrueux artifice, si dégoûtante calomnie qu'on ne mette en usage pour en imposer aux consciences crédules. — On va jusqu'à nous peindre comme un ramas de malfaiteurs qui rêvent le pillage, le vol, le partage des propriétés, et ne songent qu'à s'enrichir des dépouilles d'autrui....

« Voilà l'inqualifiable système auquel on est réduit !... Et pourtant j'ai besoin de rester calme en présence de pareilles imputations, et de me rappeler la dignité de cette enceinte pour ne pas répondre ici ce que je répondrais probablement ailleurs. — Ici, Messieurs, la discussion descend bien bas !... Je ne vous dirai pas tout ce que je pense, mais je vous dirai que cela me fait pitié, et que le rouge me monte au visage.....

« *M. le président :* Avocat, vous devez vous exprimer avec décence et modération.

« *M. l'avocat-général :* Il est étrange qu'on se permette....

« *M*ᵉ *Périer :* Il me semble, M. l'avocat-général, qu'entre vous et moi la partie est en ce moment parfaitement égale. — C'est ici un procès politique : vous représentez non plus la société comme dans les causes ordinaires, mais le pouvoir. — Vous êtes l'avocat d'un parti, moi l'avocat du parti opposé ; je ne saurais me croire obligé à plus d'égards que je n'en reçois, — et si vous avez le droit de nous signaler comme des gens qui veulent s'enrichir du bien d'autrui, nous pouvons bien avoir celui de vous dire ce que nous pensons de vos argumens.

« Ceux qui s'enrichissent du bien d'autrui, ce sont les hommes à sinécures, ceux qui dévorent le budget, qui gaspillent les fonds secrets, qui se jettent sur les deniers des contribuables, comme sur une proie, et touchent des traitemens énormes pour ne rien faire ; — tous ceux enfin qui puisent dans les coffres de l'Etat un or qui n'est pas le prix de services réels ; — ceux à qui il faut, à titre de liste civile ou d'apanage, des millions prélevés sur nos sueurs : — ceux-là s'enrichissent du bien d'autrui !

« Protégez l'ordre, vous dit le ministère public : l'ordre, Messieurs les jurés, c'est le développement de tous les intérêts légitimes, le respect de tous les droits, la liberté de toutes les croyances, — et ceux-là veulent le désordre qui foulent aux pieds ces principes, — qui oppriment la pensée, et la réduisent à se faire jour par la violence, — modernes Procustes qui tentent de mutiler l'intelligence d'une nation pour la rapetisser à leur taille.

« Protégez la société, vous dit-on encore. — Toujours même confusion d'idées, même abus de langage. — Ce n'est pas dans l'intérêt de la société, mais dans l'intérêt d'un pouvoir, mais dans l'intérêt d'un parti qu'on veut des condamnations. — Certes, la société serait étrangement à plaindre (et la préserve le ciel d'un pareil malheur !), si elle en était réduite à ne pouvoir se passer de tels ou tels hommes, et si une nation comme la nôtre devait s'abîmer dans le naufrage d'une dynastie !

« Pardon, si je me laisse entraîner à répondre à des considérations qui se réfutent d'elles-mêmes. — J'ai hâte d'en finir, — je me lasse de suivre le ministère public dans des digressions sans issue, et j'ai besoin d'envisager la cause de plus haut.

« On nous accuse, Messieurs, de provoquer à la révolte, par cela seul que nous professons des doctrines qui ne peuvent se réaliser que par la chute du pouvoir.

« Non, car nous n'en appelons point à la force matérielle ; — nous voulons réaliser le progrès des institutions par le progrès de l'intelligence ; — nous en appelons à une force toute morale ; nous en appelons à l'intelligence publique, c'est-à-dire à une puissance supérieure à toutes les institutions et à tous les pouvoirs.

« Nous voulons le progrès, parce que le progrès est une loi de l'humanité ; — parce que, pour les sociétés comme pour les individus , chaque phase de développement enfante de nouveaux droits , en même temps que de nouveaux besoins , et crée à notre activité des ressources nouvelles. — Le progrès est une loi de l'humanité , parce qu'à mesure que l'humanité avance dans sa route , le domaine des idées s'agrandit , et qu'il n'est pas dans la nature des idées de demeurer infécondes , mais de se propager indéfiniment , de rayonner en tout sens des germes qui doivent fructifier à leur tour. — Puis, quand ces idées ont envahi les esprits , qu'elles ont pénétré dans les mœurs , dans les croyances , il faut qu'elles se produisent dans le monde positif , qu'elles passent de l'état spéculatif à l'état d'application , — en un mot, qu'elles se réalisent.

« Ainsi, la liberté d'association , d'enseignement ; la liberté individuelle , celle de la presse , etc... , sont entrées dans les mœurs comme résultat du développement intellectuel et moral de l'humanité ; — ce sont autant de principes d'ordre , autant d'élémens de bien-être et de moralité sociale. — Il ne suffit pas que la loi les proclame comme des abstractions , il faut qu'elle en accepte franchement toutes les conséquences ; — et s'il arrive que la forme sociale elle-même ne puisse donner place à tous ces principes qui demandent à se réaliser , c'est qu'alors cette forme ne suffit plus , et que la société a besoin d'en adopter une autre , — de même que l'homme a besoin de vêtemens plus larges à mesure que ses proportions se développent.

« Or , il arrive que ce progrès rencontre sur son passage des institutions vieillies qui lui font obstacle ; à ces institutions se rattachent des principes qui ne représentent plus rien des mœurs de la société , des intérêts qui cessent d'être moraux dès qu'ils deviennent un obstacle à la satisfaction des besoins généraux , et qu'ils veulent se conserver aux dépens du bien-être social. — Ces intérêts ont à leur disposition une force matérielle organisée ; — ils se liguent entre eux pour étouffer le progrès par la violence ; ils disent à la civilisation : Tu n'iras pas plus loin, — et pensent arrêter son char , en creusant des fossés et en élevant des bastilles!

« Mais il vient un temps où la violence appelle la violence. — Et comme il faut que les lois de l'humanité s'accomplissent , le progrès, qui n'a plus d'issue régulière dans les institutions, en est réduit à se réaliser par la force : c'est l'histoire de 89, — l'histoire de 1830, celle de toutes les révolutions !......

« De là , messieurs, deux forces qui s'entre-choquent : — l'intérêt de tous ou le progrès social représenté par 89 et 1830; — l'intérêt exclusif et immoral de quelques hommes, représenté par la coalition de 1815. — L'un qui s'appuie sur la raison publique , l'autre sur la force matérielle des gouvernemens ; — l'un qui veut avancer les institutions pour les mettre en harmonie avec le progrès social, l'autre qui veut refouler la société en arrière pour la ramener au niveau des institutions. — C'est en un mot la révolution et la contre-révolution ; — le principe de la souveraineté populaire avec le principe dynastique , ou, en d'autres termes, la légitimité. — Il y a lutte et anomalie entre ces deux principes dont l'un ne peut se développer qu'aux dépens de l'autre , et l'un des deux doit demeurer enfin maître de la place. — Il faut avancer ou reculer; car les sociétés ne peuvent se tenir immobiles ; et entre ces deux nécessités , il n'y a pas de milieu possible.

« Le principe de la souveraineté nationale et le principe dynastique (que vous l'appeliez légitimité ou hérédité , peu importe) sont deux choses qui se contredisent mutuellement ; car il est impossible de concevoir une nation souveraine qui n'a pas le droit de changer les institutions qu'elle se donne quand ces institutions ne lui suffisent plus.

« Ceci , messieurs , vous explique le motif des persécutions acharnées du pouvoir contre la presse : — la révolution de 1830 a consacré un principe dont on a bien voulu profiter pour monter au pouvoir , mais qu'on veut étouffer à tout prix : la presse est la représentation de ce principe. —Aujourd'hui encore comme sous la restauration , c'est le principe de la souveraineté nationale aux prises avec les principes apportés par l'invasion.

« Mais quoiqu'on puisse entreprendre , et en dépit de tous les efforts , ce principe reste debout. — Tous les jours il se développe et entre plus profondément dans les mœurs ; conquis au prix de notre sang , défendu par la presse avec un infatigable courage , il bat en brèche les institutions replâtrées de 1815 et marche à la conquête de l'avenir avec une énergie qui s'augmente à raison même des persécutions du pouvoir.

« Ce n'est pas le principe que nous proclamons, mais bien le principe dynastique qui appelle la violence à son secours , lui qui ne se défend qu'avec une armure gigantesque de budgets et de bataillons salariés; qui marche appuyé sur des canons chargés et les mains pleines d'or pour corrompre les consciences. — Le nôtre , au contraire, expression pacifique de tous les intérêts sociaux , de tous les besoins qu'enfante une société progressive , — de toutes les idées d'ordre et de justice , ne veut d'autres armes que la raison , et n'a besoin que de la raison pour se défendre. — Si la force est le dieu du présent , la raison est le dieu de l'avenir!

« Ma tâche s'achève , messieurs ; un mot encore :

« Le temps viendra où l'humanité refusera de croire à de pareils procès : — où les tortures corporelles infligées à la pensée , apparaîtront à travers la poussière des âges , comme de mensongères traditions. — Déja le droit de tout dire , d'exprimer toutes les opinions librement , a pénétré jusque dans les entrailles du corps social,—et déja aussi les procès de ce genre, placés en dehors des mœurs et dirigés dans un esprit de persécution et de vengeance personnelle, sont un outrage à la raison publique comme à la dignité humaine.

« Encore une fois, nous en appelons à vos consciences, messieurs les jurés.

« Il est des arrêts que le tribunal inflexible de l'avenir flétrira : — ce sont ceux que dictent les passions et dont les annales des partis nous offrent de si tristes exemples. — L'histoire les inscrit sur ses tables d'airain : de vains regrets ne les effacent pas.

« Si contre notre attente nous étions condamnés aujourd'hui, nos convictions n'en seraient point ébranlées ; — nous attendrions la justice de l'avenir !

M. le président résume les débats avec une déplorable partialité. Les moyens de l'accusation s'y trouvent presque seuls reproduits.

La question de provocation au renversement du gouvernement est posée au jury, qui entre dans la salle des délibérations, et rentre une demi-heure après pour prononcer un verdict de non-culpabilité.

Le prévenu est acquitté.

La prononciation de cet arrêt est accueillie par une explosion bruyante et prolongée d'applaudissemens qu'il est impossible de réprimer.

La foule qui remplit l'auditoire et les avenues s'éloigne remplie de satisfaction.

BIBLIOTHÈQUE ROYALE

249

www.ingramcontent.com/pod-product-compliance
Lightning Source LLC
LaVergne TN
LVHW010133060726
842524LV00005B/1906